ADMINISTRAÇÃO DO TEMPO PARA A MELHORIA DA QUALIDADE DO SERVIÇO

PAULO ROBERTO LABEGALINI

Administração do tempo para a melhoria da qualidade do serviço

DIRETORES EDITORIAIS:
Carlos Silva
Marcelo C. Araújo

EDITORES:
Avelino Grassi
Roberto Girola

COORDENAÇÃO EDITORIAL:
Elizabeth dos Santos Reis

COPIDESQUE E REVISÃO:
Leila Cristina Dinis Fernandes

DIAGRAMAÇÃO:
Alex Luis Siqueira Santos

CAPA:
Marco Antônio Santos Reis

6ª Impressão.

Avenida São Gabriel, 495
Conjunto 42 - 4º andar
Jardim Paulista – São Paulo/SP
Cep: 01435-001
Televendas: 0800 777 6004
vendas@ideiaseletras.com.br
www.ideiaseletras.com.br

Dados Internacionais de Catalogação na Publicação (CIP)
(Câmara Brasileira do Livro, SP, Brasil)

Administração do tempo para a melhoria da qualidade do serviço /
Paulo Roberto Labegalini. Aparecida-SP: Ideias & Letras, 2006.

ISBN: 85-98239-70-4

1. Eficácia organizacional 2. Qualidade de vida no trabalho 3. Tempo
- Administração I. Título.

06-5286 CDD-650.1

Índice para catálogo sistemático:
1. Tempo: Planejamento: Administração 650.1

Dedico este livro a meu pai,
que nunca teve muito tempo na vida,
além do trabalho.

SUMÁRIO

PREFÁCIO

"Não tenho tempo para nada! O tempo voa! Que desespero, será que vai dar tempo? O dia precisava ter 48 horas! Não podemos perder tempo!".

Certamente, o leitor já pronunciou ou ouviu alguma dessas frases diversas vezes em sua vida. E quem não se lembra do jingle: "O tempo passa, o tempo voa e a poupança...".

Realmente, a sensação que todos nós temos é que o tempo passa cada vez mais rápido, e ao pensarmos assim ficamos mais ansiosos. Desta forma, criamos um ciclo vicioso e de fato nosso tempo será mal administrado.

Mas, será que o estilo de vida que levamos não é o causador dessa sensação de que o tempo está desaparecendo? Fazemos um planejamento de nossas atividades? Será que não estamos assumindo compromissos em demasia? Prazos que não podem ser cumpridos? Tempo desperdiçado? Será possível gerenciar melhor nosso tempo?

Em *Administração do tempo para a melhoria da qualidade do serviço*, Paulo Roberto Labegalini apresenta ao leitor orientações para administrar seu tempo com arte e, em consequência, aperfeiçoar a qualidade e a produtividade das atividades que realiza. Com objetividade e clareza, o autor instrui sobre a importância de se aproveitar o tempo; o que são e como minimizar desperdiçadores de tempo; como organizar uma rotina pessoal básica; como produzir mais em menos tempo; técnicas de chefia e liderança; o que lucrar administrando o tempo; além de presentear o leitor com dez artigos que ilustram e elucidam os conceitos apresentados.

Na convivência que tenho com o autor, trabalhando juntos na Pró-reitoria de Cultura e Extensão da Universidade Federal de Itajubá, sou testemunha de que a aplicação das orientações contidas neste livro produz excelentes resultados.

Portanto, comece já a administrar seu tempo reservando aproximadamente duas horas para a leitura deste livro, que poderá mudar sua vida!

Luiz Lenarth Gabriel Vermaas
Pró-reitor de Cultura e Extensão
Universitária da UNIFEI

INTRODUÇÃO

Saber administrar o tempo é uma necessidade cada vez maior para atingir o sucesso e, felizmente, com algumas orientações básicas sobre o assunto, todas as pessoas são capazes de melhorar a qualidade e a produtividade dos serviços que prestam. Basta querer mudar os maus hábitos pessoais.

Mesmo aquelas que se acham desorganizadas, com um pouco de força de vontade, conseguem. A partir do momento que constatam o retorno que advém das técnicas utilizadas, passam até a divulgar os recursos que lhes possibilitaram maior prazer em trabalhar.

Jesus também dava prioridade às coisas importantes: "Simão e os que estavam com Ele puseram-se a procurá-lo. E, tendo-o encontrado, disseram-lhe: 'Todos te procuram'. Mas Ele lhes respondeu: 'Vamos para outra parte, para as aldeias vizinhas, a fim de pregar aí, pois foi para isso que Eu vim'" (Mc 1, 36-38).

Portanto, espero deixar claro neste livro que, embora não nasçamos sabendo administrar adequadamente o tempo, isso é muito simples, desde que tenhamos a humildade de reconhecer as vantagens da autodisciplina e organização pessoal.

Quem conseguir perceber isso antes do concorrente, ganha pontos no conceito.

E você, leitor, costuma dizer que a vida é uma correria e não lhe sobra tempo para a família e o lazer? Então, melhore sua qualidade de vida usando e abusando da arte de administrar o tempo.

O autor

Capítulo I

A IMPORTÂNCIA DE SE APROVEITAR O TEMPO

Parabéns por se interessar por um assunto tão importante em nossa vida e, ao mesmo tempo, fascinante. Hoje, qualquer aprendizado é útil para melhor servir nossos clientes, mas saber administrar o tempo é fundamental por dois motivos:

– Se o tempo diário é o mesmo para todos, quem souber se organizar, mais tempo terá para se dedicar às coisas importantes.

– Se uma grande parcela do tempo não tem nosso controle direto, quem não fizer uso de técnicas adequadas, pode vir a ter problemas como: ansiedade, estresse, sobrecarga de trabalho, improdutividade, desmotivação, erros etc.

Antes de outras considerações, conscientize-se destas afirmações:

– *Tempo:* É o período cronológico que limita nossas atividades diárias. Ele pode ser bem aproveitado ou desperdiçado, e as consequências de mal usá-lo, como sabemos, podem ser as piores possíveis.

– *Características:* O tempo é limitado, perecível, irreversível, constante, intransferível, insubstituível, precioso, necessário, singular etc.

• *Administrar o tempo significa:*
– ter planejamento diário;
– minimizar o tempo improdutivo;
– reeducar hábitos pessoais;
– concentrar-se nas prioridades e controlar os resultados.

Isso já satisfaz parte de sua curiosidade no assunto, não? Parece fácil? Pode ser, mas saber isso ainda é muito pouco para colocar em prática a grande arte que você é capaz de desenvolver. Sim, administrar o tempo é uma arte, porque depende de como cada um conduz o planejamento diário de atividades.

Acredito ser muito mais fácil atingir um objetivo com técnicas apuradas do uso do tempo, por isso as pratico sempre e procuro repassar essas informações às pessoas interessadas.

Mas, por onde começar? O ponto de partida é fazer uma avaliação do tempo médio diário gasto em suas principais atividades e, depois, confrontar a lista com o tempo considerado ideal de cada serviço que desenvolve. Quer tentar? Além das alternativas expostas, complete, se necessário.

1. Avaliação do tempo médio diário nas atividades

	Tempo atual	Tempo ideal
1. Planejamento – Objetivos		
2. Despachos de papelada		
3. Trabalho de concentração		

4. Arrumação do local
5. Reuniões
6. Telefonemas
7. Atendimentos
8. Deveres sociais
9. Reparo de erros
10. Problemas particulares
11. Deslocamentos
12. Ensaios
13. Rotina (serviços de menor importância)
14.
15.
Soma em horas:

Muitas pessoas reclamam dizendo que é difícil preencher este quadro porque, na soma das horas, o resultado dá maior ou menor do que realmente acontece. Nesses casos, há necessidade de alguns ajustes para que a verdade possa ser retratada. Por exemplo, somando as atividades profissionais, os resultados devem ser iguais a oito horas – para quem trabalha, em média, oito horas por dia.

Quando melhorar sua administração de tempo, seu objetivo será substituir o tempo atual pelo tempo ideal que colocou na lista, certo? E lembre-se de que os períodos de tempo alocados podem ser alterados periodicamente e devem sempre ser revisados. Dê importância a isso, porque é o primeiro passo para melhorar a qualidade do serviço que presta.

Há quatro coisas na vida que não se recuperam: a pedra, depois de atirada; a palavra, depois de proferida; a ocasião, depois de perdida; e o tempo, depois de passado.

* *Leia, agora, o artigo n. 1 do Capítulo VII.*

Capítulo II

DESPERDIÇADORES DE TEMPO

Você gasta seu tempo com o mesmo critério que gasta seu dinheiro?

Todos nós nos envolvemos com desperdiçadores de tempo a cada dia de trabalho. Precisamos, porém, esforçar-nos para minimizá-los e, assim, melhorar nossa produtividade e ter mais tempo para atuar na comunidade.

Os desperdiçadores internos são aqueles maus hábitos pessoais que bloqueiam parcialmente o cumprimento dos objetivos; os externos referem-se à participação de terceiros e também dificultam o sucesso do planejamento diário de atividades.

A seguir, apresento as listas de desperdiçadores de tempo, constando: 14 internos e 14 externos.

Desperdiçadores internos	Desperdiçadores externos
– Mesa entulhada	– Telefonemas inesperados
– Má delegação	– Reuniões improdutivas
– Indefinição de objetivos, prioridades	– Visitas inoportunas
– Falta de planejamento diário	– Alterações constantes de ordens
– Procrastinação	– Sobrecarga de trabalho
– Indecisão	– Atrasos ou atropelos de documentos
– Desconcentração	– Responsabilidades confusas
– Desorganização pessoal	– Constantes crises de urgência
– Distrações visuais	– Falta de treinamento da equipe
– Falta de motivação	– Desinteresse da chefia
– Erros ou incapacidades no serviço	– Equipamentos inadequados
– Perfeccionismo	– Inexistência de prazos
– Falta de criatividade	– Metas irrealistas
– Problemas de saúde	– Barulho

Com relação aos desperdiçadores internos, é muito comum em nível gerencial existirem problemas devido à má delegação, falta de planejamento diário, procrastinação (adiamento de tarefas) e desorganização pessoal. Nos externos, os maiores problemas decorrem devido a reuniões improdutivas, alterações constantes de ordens, sobrecarga de trabalho e responsabilidades confusas.

Isso não significa dizer que fazemos tudo errado, muito pelo contrário. Vemos que os problemas são superados pelo esforço de cada um, mas com alguns desgastes até desnecessários.

Sabendo atacar o desperdiçador, problemas futuros podem ser evitados.

Portanto, para um rápido treino, sugiro que você selecione seu maior desperdiçador de tempo na lista apresentada, quer seja interno ou externo. É importante saber que só é considerado desperdiçador se for frequente e bloquear um grande objetivo. Feito isso, prepare-se para utilizar um poderoso instrumento que possibilitará reduzir o aparecimento do problema a partir de hoje: os quatro C.

1. Exercício de análise e combate do tempo improdutivo

1. Causas.
2. Consequências.
3. Combate.
4. Controle.

• *Para listar as causas do desperdiçador selecionado:*

– Analisá-las simultaneamente com as consequências.

– Refletir em todos os desperdiçadores internos e externos como causas;

– Buscar outros desperdiçadores específicos;

– Analisar as causas pessoais e externas;

– Assinalar as mais críticas;

– Lembrar que alguns desperdiçadores externos podem ser encarados como internos, exemplo: sobrecarga de trabalho.

• *Para citar as consequências:*

– Analisar todos os desperdiçadores, mesmo aqueles já considerados nas causas;

– Ver as consequências de cada desperdiçador, enfocando os problemas pessoais, os problemas com os clientes internos no trabalho, com a chefia imediata e os colaboradores;

– As principais consequências são: improdutividade, desmotivação, estresse, má qualidade do serviço e sobrecarga de trabalho;

- *Para definir as alternativas de combate:*

– Estabelecer a prevenção ou eliminação das causas (planos de ação com a equipe);

– Analisar simultaneamente a viabilidade de implementação das medidas.

- *Para prever o controle:*

– Estabelecer um acompanhamento do trabalho, comparando as mudanças com os resultados, com o objetivo de verificar o rendimento;

– Analisar se alguma alternativa de combate não se enquadra no controle;

– Listar controles específicos para cada alternativa de combate, prevenindo as causas e evitando as consequências que hoje ocorrem.

Analisando e atacando com boas técnicas o desperdiçador, provavelmente as piores consequências deixarão de existir. Porém, se a causa principal não for encontrada, todo o esforço poderá trazer poucos resultados. Portanto, num trabalho de paciência, sugiro que anote todas as vezes que você tiver problemas com algum desperdiçador de tempo e a causa que o levou a isso. Em breve, saberá exatamente o que mais lhe impede de trabalhar. Acertando na causa, 50% do problema estarão praticamente resolvidos.

Assim, não será difícil selecionar a principal causa de cada desperdiçador, lembrando que essa constatação precisa ser refeita, causa por causa, periodicamente. Recomendo que:

– Vá devagar. Não tenha pressa!

– Implemente uma mudança por vez e comunique a todos o que resolveu.

– Acostume-se com o novo hábito para incorporar novos comportamentos.

– Avalie sempre os resultados.

– Insista nas melhorias porque vale a pena!

Tenho recebido consultas referentes a mudanças de hábitos no trabalho, com o objetivo de melhorar o tempo improdutivo. Sempre repito que se as causas do desperdiçador de tempo forem conhecidas, é possível minimizá-las. Por exemplo, imagine que você tenha excesso de "telefonemas inesperados". Trata-se de um desperdiçador externo, ou seja, provocado com a participação de terceiros. Vejamos:

1. Algumas causas mais frequentes: má delegação, sociabilidade excessiva, comunicação deficiente, responsabilidades confusas, crises de urgência e indecisão;
2. Consequências gerando improdutividade: bloqueio de tarefas começadas, procrastinação, sobrecarga de trabalho, atrasos de documentos, desconcentração, ansiedade e desmotivação;
3. Alternativas de combate: façamos a análise da prevenção de cada causa citada que, por hipótese, destrói seu tempo:

– Má delegação: É necessário que você delegue adequadamente o que pode controlar, confiando na iniciativa e capacidade de seu pessoal. Invista em treinamento, se for o caso, e, com base no planejamento diário, tente descentralizar o serviço, evitando, assim, ser interrompido frequentemente.

– Sociabilidade excessiva: Aprenda a dizer "não" e peça soluções ao receber problemas. Manter-se concentrado, calmo e objetivo a cada telefonema também ajuda a voltar rapidamente ao trabalho;

– Comunicação deficiente: Faça melhor uso da secretária ou estabeleça horários regulares para receber telefonemas. Centralize em outra pessoa a solução de problemas rotineiros e adote a política de "chamar de volta", que pode ser usada com sucesso até que haja melhor aceitação das mudanças adotadas;

– Responsabilidades confusas: Defina objetivos claros e possíveis de serem alcançados. Evite contraordens e não repasse ou assuma responsabilidade sem autoridade. Dessa forma, evitará muitas consultas por telefone;

– Crises de urgência: Reestude seu planejamento de atividades, que deve ser o maior problema. Antecipe os prazos, marcando reuniões de datas-alvo; melhore a autodisciplina e a organização;

– Indecisão: Tenha mais iniciativa em resolver os assuntos que lhe dizem respeito. Mantenha-se informado, busque resultados com otimismo, simplifique tudo o que puder e organize um cadastro de problemas e soluções. Com o tempo, as decisões – mesmo por telefone – serão mais rápidas e acertadas, quando necessárias.

4. Controle dos resultados: Estabelecer um acompanhamento diário do trabalho, comparando as mudanças com os resultados e verificando o rendimento, nem sempre é fácil. Neste estudo de telefonemas inesperados, sugiro:

– Tenha tempo reservado;

– Anote os telefonemas do dia, pessoas e assuntos tratados;

– Imponha prioridades nas atividades diárias, coerentes com seus objetivos;

– Faça avaliações e insista em replanejamentos, se necessários, com disciplina e autossugestão.

Se todos tivessem plena consciência da importância do assunto e seguissem essas orientações, além de melhorarem o tempo improdutivo, muitos desabafos poderiam ser evitados ao se desligar o telefone, como:

– “Ele só me liga quando não tem nada a dizer”.

– “Quando esse sujeito me telefona para desejar um bom-dia, eu leio a meteorologia e checo.”

– “Sempre que estou ocupado, ela me telefona, como se tivesse um sexto sentido. Talvez o tenha no lugar dos outros cinco!”.

Brincadeiras à parte. Saiba que, combatendo um desperdiçador de tempo somente, você pode eliminar muitos outros maus hábitos no trabalho. Certamente, com apenas esse exemplo mencionado, pode faltar-lhe experiência para atacar outros problemas não menos importantes; se tiver dificuldades, sugiro que participe de um treinamento em administração de tempo, exponha as barreiras que bloqueiam alguns de seus objetivos e aprenda a superá-las. Tenho ajudado muitas pessoas nos cursos que ministro.

Dizem que um homem bem-sucedido é aquele que ganha mais do que a mulher consegue gastar. Aprendendo a administrar o tempo, você pode provar que não é só dinheiro que traz felicidade.

* *Leia, agora, o artigo n. 2 do Capítulo VII.*

Capítulo III

ROTINA PESSOAL BÁSICA

Desde que praticada com competência, você pode basear-se nesta rotina de procedimentos para melhor alcançar sucesso:

1. Estabeleça objetivos anuais, mensais e semanais;
2. Programe suas tarefas e atividades da semana e do dia em função desses objetivos;
3. Identifique as atividades críticas que levam aos resultados desejados e concentre-se nelas;
4. Faça as coisas em ordem decrescente de importância.
5. Controle diariamente os resultados alcançados e confronte-os com os planejados;
6. Saiba onde seu tempo é realmente empregado.
7. Despenda o tempo proporcionalmente à importância da tarefa e do objetivo;
8. Estabeleça data e hora para início e fim de cada atividade;
9. Identifique e minimize seus desperdiçadores de tempo;
10. Melhore suas rotinas e hábitos de trabalho.

Digo sempre que o papel aceita tudo o que escrevemos e nele fica a impressão de que quase tudo é muito simples.

Bem, desde que haja um bom planejamento diário de atividades, realmente fica mais fácil dar prioridades às tarefas e evitar esquecimentos. Uma página de agenda serve para organizar o dia seguinte e fazer fluir os compromissos assumidos consigo ou com terceiros.

Você deve anotar tanto a programação de horários preestabelecidos quanto os contatos que desejar fazer e serviços a realizar sozinho. A cada atividade concluída, tique ao lado para saber que a etapa já foi vencida, e estará em condições de partir para a próxima.

Deixe também um espaço para anotar as pendências que ficarão para o dia seguinte e, no final do expediente, consulte a agenda para reprogramar o que não foi realizado, incluindo também as novas atividades.

Não se esqueça de que o tempo destinado a cada compromisso deve ser proporcional à importância e urgência da atividade. Se for urgente e pouco importante para seu objetivo, faça logo e rapidamente. Se não for urgente, mas muito importante, reserve mais tempo para se dedicar ao assunto. E sendo urgente e importante, dê máxima prioridade a sua execução.

Recomendo, ainda, que reserve um período do dia sem agendar nenhum compromisso. Com certeza, você resolverá não ficar sem fazer nada naquele intervalo e poderá usar esse tempo para concluir algo que excedeu a previsão. No começo, é normal dizermos que o planejamento não fechou, mas, após insistirmos, nossos próprios erros nos levarão a melhorar, pois saberemos que temos de começar encaixando as atividades possíveis num tempo limitado – e não o contrário, como: em uma hora, ler três livros!

Eis um exemplo de página de agenda:

1. Plano do dia

Data: Dia: Segunda-feira				
Compromissos Programação	**OK**	**Contactar Delegar**	**Prioridades**	**OK**
8h				
9h				
10h				
11h				
12h				
13h				
14h				
15h				
16h		**Preparar Estudar**	**Prioridades**	**OK**
17h				
18h				
Anotações				

* *Leia, agora, o artigo n. 3 do Capítulo VII.*

Capítulo IV

COMO PRODUZIR MAIS EM MENOS TEMPO

Além do que já foi abordado, a humildade para o aprendizado é muito importante nos serviços prestados. Portanto, para ser mais produtivo e participativo, você ainda pode abrir seu coração para crescer na liderança:

– Aceitando mudanças;
– Atuando em áreas diversas;
– Tendo espírito de grupo;
– Esforçando-se para vencer as dificuldades;
– Usando criatividade;
– Tendo sensibilidade para prever as necessidades;
– Não cometendo os mesmos erros;
– Melhorando a qualidade do trabalho;
– Aperfeiçoando a capacidade pessoal com leituras e treinamentos diversos;
– Sendo obediente a Deus;
– *Administrando o tempo!*

Sim, administrando o tempo com arte! Você é capaz disso muito mais do que imagina, porque sempre planejou muitas coisas mentalmente, tomou decisões importantes na vida, comunicou-se com inúmeras pessoas, recebeu e distribuiu atividades, participou de reuniões, ajudou colegas, enfim, você já possui bastante experiência!

Com mais estas dicas, acho que você deslancha:

– Planeje seu tempo reservado – uma ou mais horas diárias – sem quaisquer interrupções.

– Exija e cumpra horários.

– Evite assumir atividades alheias a seus objetivos.

– Programe sempre para os mesmos períodos suas atividades rotineiras.

– Agrupe as tarefas afins, faça já e uma só vez. Se interrompido, volte logo ao trabalho.

– Simplifique tudo o que puder.

– Decida e despache o mais rápido possível.

– Não deixe sua mesa de trabalho atulhada de papéis.

– Mantenha os arquivos organizados.

– Delegue, se puder.

– Treine sua secretária e seu pessoal.

– Registre imediatamente tudo aquilo que se lembrar na lista de ações do dia seguinte.

– Programe seu dia na véspera.

– Avalie e controle regularmente no final do expediente "os resultados alcançados" versus "os planejados".

– Tenha autodisciplina e auto-organização.

– Pergunte-se: "Como posso usar melhor meu tempo agora?".

– Tenha consciência de que uma pequena parcela de tempo improdutivo sempre existirá.

– Anote diariamente seus desperdiçadores até conseguir minimizá-los.

– Lembre-se: "No começo, administrar o tempo é meio amargo, mas o fruto é muito doce!".

Evidentemente que a transformação de *bloqueadores* em *facilitadores* dos objetivos exige planos de ação que devem ser elaborados concentrando as prioridades nas ações responsáveis pelos resultados desejados. Isso, você e seu grupo de trabalho devem elaborar, mas nunca descuidem dos facilitadores – que podem transformar-se em bloqueadores um dia!

* *Leia, agora, o artigo n. 4 do Capítulo VII.*

Capítulo V

TÉCNICAS DE CHEFIA E LIDERANÇA

Quem deseja continuar crescendo na habilidade de administrar o tempo adequadamente, precisa conhecer alguns conceitos básicos de chefia e liderança. Novos parâmetros de comportamento podem fazer parte de sua vida quando você consegue vencer os desafios com conhecimento de causa e passa isso às pessoas. É gratificante porque sabemos que Deus abençoa as boas intenções, concorda?

Um chefe tem sua autoridade imposta; ao contrário, o líder influencia as ideias e, assim, move os atos por consentimento. O líder democrático, as pessoas seguem! O líder também trilha um caminho saudável: respeita a todos e se faz respeitar. Não é pelo fato de ter obtido êxito na vida que considera os demais companheiros fracos ou incompetentes.

O líder eficaz acorda com os objetivos do grupo em mente e os persegue sem riscos desnecessários. Ele também usa de alguns segredos:

– Não impõe regras; negocia objetivos a cada situação;
– Não se desequilibra pelos preconceitos das pessoas;
– Não diminui ninguém e nem se subestima;

– Interessa-se, com simpatia, por tudo que lhe disserem;
– Participa! Preocupa-se com resultados! *Raciocina!*

A estratégia do líder eficaz, portanto, é favorecer um relacionamento motivacional e organizar as pessoas para as tarefas. Mas, quem faz um líder eficaz ou não é *a atuação das pessoas*. Se a situação lhe for desfavorável, tudo fica mais difícil.

Esperam-se as seguintes qualidades:

– do chefe: conhecimento e atitude;
– do líder: orientação e flexibilidade para mudanças.

1. Delegação

Delegar é agir por intermédio de outros, partilhando autoridade e responsabilidade. É buscar resultados juntos. Quem não delega não dirige, executa.

• *Vantagens da delegação:*
– tempo mais liberado;
– menor sobrecarga de trabalho;
– descobrimento de talentos;
– treinamento para futura substituição;
– incentivo à criatividade;
– admiração dos colaboradores.

• *Como delegar?*

1. Delegue a quem tem condição de sucesso na atividade e não a quem está a sua disposição;

2. Controle sempre à distância para não ficar com a imagem de fiscal;

3. Veja se o delegado é bem aceito pelo grupo em que o serviço será executado;

4. Confie no delegado sem medo que o supere. Lance a ele um desafio, com motivação;

5. Dê todas as orientações à pessoa escolhida. Comece elogiando-a por suas habilidades em ter sido a indicada;

6. Discuta o serviço com ela, negociando objetivos com riscos certos. Sabendo o que fazer, cabe a ela como fazê-lo;

7. Tenha a mente aberta para mudanças e esteja sempre disponível;

8. Nunca "delegue" recados, punições ou promoções;

9. Faça reuniões periódicas ou peça relatórios. Vá espaçando o controle com o tempo e avalie seus critérios anteriores na próxima vez.

A delegação também é um grande recurso de administração de tempo, desde que bem conduzida. E não se pode desprezar que todo o esforço só tem valor se tiver como fundamento um objetivo. Os objetivos são resultados medidos, quantificados, que contribuem à entidade superior. Devem ser desafiadores, mas alcançáveis.

* *Leia, agora, o artigo n. 5 do Capítulo VII.*

2. Motivação

O homem precisa estar motivado para produzir, e isso vem de dentro de cada um. Há meios de favorecer a motivação do outro, mas, se ele não se ajudar, nada acontece.

• *Fatores de manutenção da motivação no trabalho:*

– salário;
– *status*;
– segurança;
– meio ambiente;
– relacionamento;
– liberdade;
– descanso;
– saúde.

• *Fatores de motivação:*
– reconhecimento;
– natureza do trabalho;
– responsabilidade;
– desafio;
– crescimento profissional e pessoal.

• *Alguns meios de motivação:*
– participar do planejamento;
– participar da confraternização do grupo;
– participar, com sugestões, das mudanças;
– aceitar um desafio à eficácia;
– plano de carreira;
– delegação adequada;
– elogios sinceros.

• *Algumas causas de discórdia*:
– competição;
– desconfiança;
– "panelinhas".

Lembre-se: A conduta do homem nem sempre é lógica, mas quase sempre é psicológica. Não o trate como uma máquina e poderá ter muitos sinceros aliados.

As pessoas mudarão sempre para melhor quando souberem o que fazer, quando forem treinadas e motivadas para isso. Portanto:

Ação eficaz = objetivo + capacitação + motivação

* *Leia, agora, o artigo n. 6 do Capítulo VII.*

3. Comunicação verbal

Comunicar não é somente preencher o silêncio com palavras. Comunicar é se fazer entender! Para isso, é fundamental olhar nos olhos do interlocutor, ouvir com atenção e dizer o nome do ouvinte.

Saiba sempre:

1. Fazer fluir suas ideias sem duplo sentido;
2. Usar um tom de voz adequado;
3. Ser coerente e não inconsequente;
4. Ouvir atento e não monopolizar;
5. Dar exemplos para melhor memorizar.

* *Leia, agora, o artigo n. 7 do Capítulo VII*

4. Reuniões

Dirigir uma reunião não é dirigir opiniões. As melhores formações para a comunicação são: em círculo, quadrado, em U ou V. A pior formação é o estilo "sala de aula".

Durante a reunião:

1. Entusiasme ou acalme os debates, levando o grupo a uma integração de esforços individuais para satisfazer os coletivos;

2. Não deixe que as emoções o perturbem. Seja imparcial e terá como resultado a segurança na direção dos trabalhos;

3. Cuidado com a teimosia. Tenha sempre atitudes objetivas e sinceras;

4. Sorria ou se feche de acordo com cada situação e será sempre contagiante;

5. Não interfira demais nas colocações dos participantes, mas nunca passe muito tempo omisso, permitindo excesso de uso do tempo;

6. Leve o grupo a uma conclusão do assunto e, se necessário, faça votação.

Quem não decide, decide não decidir e assume esse risco!

* *Leia, agora, o artigo n. 8 do Capítulo VII.*

Capítulo VI

O QUE LUCRAR ADMINISTRANDO O TEMPO?

Não se esqueça de colocar em prática:

1. Criatividade, para transformar atividades rotineiras em motivação;
2. Delegação, para multiplicar resultados através dos subordinados;
3. Poder decisório, para agilizar as ações em busca dos objetivos;
4. Planejamento, para priorizar as tarefas mais importantes;
5. Liderança, para melhorar o gerenciamento dos colaboradores.

Mas, cuidado! Proliferam-se técnicas e métodos para aumentar a produtividade, conduzindo-nos a um coquetel de novas tecnologias e poucos resultados. Quando precisar, procure orientação com pessoas experientes no assunto.

É importante você ganhar tempo através da disciplina e auto-sugestão. Aplique a parcela do tempo ganho em melhorias. Lembre-se também de que, embora os chefes devam cultivar sua liderança, não podem deixar de agir como colaboradores.

A experiência profissional é como banho: a cada dia necessitamos de um reforço, independente da dose do dia anterior.

E o que lucrar com uma boa administração do tempo?

– Maior satisfação pessoal;
– Reconhecimento da chefia nos méritos;
– Melhor qualidade de vida familiar;
– Tempo + tempo + tempo + tempo + tempo + tempo + mais tempo.

A administração de tempo na rotina das atividades diárias:

– Ajuda a simplificar os objetivos, as metas, o trabalho...;
– Ajuda a minimizar o tempo improdutivo;
– Ajuda a melhorar a qualidade do serviço prestado na comunidade;
– Ajuda o colaborador em sua realização profissional;
– Ajuda a transferir conhecimentos para a vida pessoal.

E também não espere ter tempo para servir a Deus. Comece já!

* *Leia, agora, o artigo n. 9 do Capítulo VII.*

1. Autoavaliação

1) Quais são os principais objetivos de minha função no trabalho?

2) Além dos objetivos citados, quais outros gostaria de alcançar?

3) Quais atividades – sem meu controle direto – tomam meu tempo e não contribuem para meus objetivos?

4) Que hábitos pessoais preciso melhorar para aumentar meu tempo produtivo?

5) O que preciso fazer para combater meus principais desperdiçadores de tempo?

6) Se o dia tivesse 30 horas, o que faria com as 6 horas adicionais?

7) Quanto aplicarei (%) do que aprendi neste livro?

* *Leia, agora, o artigo n. 10 do Capítulo VII.*

Capítulo VII

ARTIGOS

1. Um julgamento para a posteridade

Há muito tempo, num tribunal de júri, o relator do processo, referindo-se ao réu, leu aos presentes as laudas sobre o caso, concluindo:

– E, portanto, por sua culpa, alguns administradores sentem-se prejudicados, não conseguindo atingir os resultados esperados.

O réu, embora limitado, perante a acusação que lhe pesava, mantinha-se irreversível. Sua conduta era constante.

A sessão prosseguiu e a palavra coube à promotoria, que argumentou:

– Conviver com o réu é praticar de forma desgastante a ciência do comportamento humano. A ele cabe organizar nosso trabalho, aliviando-nos da tensão interna e pressões externas. Torna-se insubstituível e nos obriga a definir objetivos, a concentrar nas prioridades e a controlar nossos resultados no trabalho. Façamos dele um deus?

A defesa foi eloquente:

– O acusado não exige nada de ninguém, aliás, é benevolente com todos nós. Quem o menospreza, acaba rendendo-se a ele, mais cedo ou mais tarde. Se o aceitarmos com disciplina e organização, seremos proativos e teremos maiores possibilidades de sucesso; caso contrário, nossa produtividade estará comprometida.

Embora pairasse no ar certa concordância por parte dos jurados após essas últimas palavras, a acusação rebateu:

– Nascemos sob sua égide e dizem que para o bem vivermos é necessário técnica e arte. Onde buscá-las se ele não as oferece?

A defesa intercedeu:

– É simples e lógica essa resposta. Um bom treinamento e planejamento diário resolvem quase todos os problemas nesse sentido. E como consequência, surgirão reeducação de hábitos e maior objetividade de ações. Pode-se negar a isso?

Novamente a promotoria:

– Nossas atividades consomem energia e possuem seu custo. Não fosse o réu, certamente não teríamos sobrecargas de trabalho, desgastes físicos e emocionais em nosso meio. Peço sua condenação, pois é um absurdo que o tenhamos como limite em nossas vidas.

E a defesa finalizou:

– Não façamos injustiça, senhores jurados. Ninguém pode acusar o réu de não se doar a todos de forma equitativa, até mesmo aos animais irracionais. Se ele foi colocado singular na natureza, uma razão a mais para que não o desprezemos nem o desperdicemos. Analisá-lo a cada dia e discuti-lo sempre, isso nos condiciona a melhorar nosso desempenho profissional, familiar e pessoal. Basta considerá-lo adequadamente a partir de agora. Clamo por sua absolvição.

Após o veredicto dos jurados, o meritíssimo juiz leu a sentença final:

– Absolvo o Tempo Improdutivo, esse período cronológico que limita nossas atividades diárias, e o devolvo à vida de vocês com o nome de Tempo Planejado. Façam dele um bom uso, não o menosprezem nem o desperdicem ou, quem sabe, estarão aqui um dia em seu lugar prestando contas de suas vidas.

E nunca mais, em qualquer época, soube que o Tempo Planejado deixou de existir no trabalho dos líderes eficazes.

Esta ficou conhecida como a "Lenda da Administração do Tempo".

2. Felicidade profissional

Existe um paradigma em alguns setores profissionais que precisa ser quebrado. É bastante usado em época de crise e "ajuda" muita gente a se motivar por algum tempo no trabalho. Diz assim: "Agora que perdemos de vista nossos objetivos, redobremos nossos esforços".

Seria ótimo que alguma inspiração desse tipo nunca passasse perto de nossas cabeças, para podermos sempre buscar fontes de motivação pertinentes a nossos reais objetivos de sucesso.

Pois bem, vou propor-lhe um trabalho muito importante para seu desenvolvimento pessoal na função que abraçou. Será um rápido exercício que o conduzirá a melhores estágios de produtividade em curto prazo.

Em primeiro lugar, selecione um desperdiçador de tempo que o tem prejudicado no ambiente de trabalho ultimamente. A relação a seguir é a mesma apresentada no Capítulo II e consta de desperdiçadores internos (maus hábitos pessoais) e externos (praticados com a influência de terceiros).

Reflita e escolha apenas o principal desperdiçador, por enquanto.

Desperdiçadores internos	Desperdiçadores externos
– Mesa entulhada	– Telefonemas inesperados
– Má delegação	– Reuniões improdutivas
– Indefinição de objetivos, prioridades	– Visitas inoportunas
– Falta de planejamento diário	– Alterações constantes de ordens
– Procrastinação	– Sobrecarga de trabalho
– Indecisão	– Atrasos ou atropelos de documentos
– Desconcentração	– Responsabilidades confusas
– Desorganização pessoal	– Constantes crises de urgência
– Distrações visuais	– Falta de treinamento da equipe
– Falta de motivação	– Desinteresse da chefia
– Erros ou incapacidades no serviço	– Equipamentos inadequados
– Perfeccionismo	– Inexistência de prazos
– Falta de criatividade	– Metas irrealistas
– Problemas de saúde	– Barulho

Agora, liste as causas que fazem esse desperdiçador ocorrer com frequência e gerar momentos de improdutividade a você ou a sua equipe.

Como exemplo já mencionado e para melhor esclarecer, suponhamos que o desperdiçador enfocado tenha sido "telefonemas inesperados" e suas maiores causas: responsabilidades confusas, má delegação, indecisão e falta de planejamento.

Feito isso, vamos pontuar cada causa de influência segundo os critérios que serão apresentados:

Impacto sobre o desperdiçador	Qualidade do desempenho atual
5 pontos – Fundamental	5 pontos – Muito deficiente
4 pontos – Elevado	4 pontos – Deficiente
3 pontos – Médio	3 pontos – Apenas suficiente
2 pontos – Modesto	2 pontos – Discreta
1 ponto – Fraco	1 ponto – Boa

No caso de nosso exemplo, teríamos um quadro, já supostamente avaliado sobre telefonemas inesperados, como:

Causas	Impacto	Qualidade	Total
– Responsabilidades confusas	5	4	9
– Má delegação	4	4	8
– Indecisão	3	3	6
– Falta de planejamento	3	4	7

Considerando que a soma total aferida tenha sido condizente com a realidade dos fatos que norteia o trabalho de determinado profissional, verifica-se que sua principal causa de insucesso com relação aos telefonemas incide sobre "responsabilidades confusas", pois tem maior impacto sobre o desperdiçador e pior desempenho atual.

Ficou claro? Isso é necessário para que as causas sejam atacadas com prioridades, uma por vez e sem pressa em conseguir resultados, caso contrário, nosso poder de reação contra mudanças nos colocará em conflito com outros "objetivos" mais agradáveis do cotidiano.

Disse Einstein: "É mais fácil quebrar um átomo do que quebrar um hábito". Embora tenha sido uma afirmação ilógica, perceba a alta resistência a mudanças quando Einstein se refere ao hábito comportamental.

Quebrar um hábito no trabalho depende principalmente do seguinte:

1. Necessidade de se tornar mais produtivo;
2. Técnica e arte para mudanças;
3. Disciplina e auto-sugestão.

Ninguém melhor do que você para saber como e por que fazê-lo, segundo sua experiência no problema que tem vivido. Disso depende boa parte de sua felicidade profissional.

É bom lembrar que todos nós temos desperdiçadores de tempo e nem sempre é possível eliminá-los, mas minimizá-los já nos alivia de muitas consequências indesejáveis. Portanto, ataque as causas na sequência de prioridade da tabela que elaborou, ou a conclua discutindo as causas com seu grupo de trabalho – principalmente para combater desperdiçadores externos.

Apenas um cuidado a mais: não se deixe levar pela falta de objetivos de algum colega em alcançar bons resultados, pois "galinha que tenta acompanhar pato morre afogada".

3. Lista de ações

Você confia cem por cento em sua memória em qualquer situação? Submeta-se a um teste: quais foram as três principais manchetes do último jornal que leu esta semana? Espero que tenha se saído bem, mas saiba que sem motivação na leitura você perde o interesse, deixa de prestar atenção, não memoriza e nem aprende.

O profissional que sempre culpa a memória pelos esquecimentos e fracassos deveria ler alguns livros sobre "técnicas de memorização" e concluir o quanto é complicado seguir à risca os truques que os autores apresentam. Sinto pena de quem vai por esse caminho e deixa de aproveitar o tempo de maneira mais inteligente – organizando-se, por exemplo.

Analisando o caso de um executivo que convive com fatos e informações diversos a cada dia de trabalho, posso concluir, sem medo de errar, que seu sucesso administrativo depende, no mínimo, de algumas destas condições:

- grande capacidade de memorização;
- excelente apoio da secretária;
- conhecimento e experiência no ramo;
- bom planejamento futuro; e
- técnicas apuradas de organização pessoal.

Repare que se lhe faltar, parcialmente, alguns dos quatro primeiros itens, o quinto poderá então ser por ele praticado, com mais determinação, e direcionado para a solução do problema apresentado. Para isso, tudo tem início na chamada "Lista de Ações". Através dela, torna-se possível a organização pessoal no trabalho, com planejamentos diários de atividades, adequados às necessidades e sem esquecimentos.

Prepará-la é muito simples:

– mantenha uma única caderneta de registros em mãos;

– anote nela, sequencialmente e no momento certo, todas as atividades que tiver para executar;

– estabeleça marcações de prioridades de acordo com seus objetivos; e

– risque, no decorrer do dia, tudo o que conseguiu concluir.

Pronto! Agora basta usá-la, no final do expediente, para preparar o planejamento do dia seguinte e tornar-se mais organizado, com o devido controle das tarefas importantes e urgentes. Não é mais fácil e lógico do que confiar na memória ou em terceiros? Contudo, use a memória para lembrar-se de que quanto mais interessado você estiver em praticar esse instrumento – Lista de Ações –, melhor aprenderá a usá-lo; e quanto mais você se convencer dos benefícios da organização pessoal, maior será seu interesse em praticar.

Já havia concluído este artigo no parágrafo anterior, mas me lembrei a tempo de que nem todos serão convencidos de substituir parte das preocupações diárias pela Lista de Ações; portanto, a esses, aconselho que exercitem, cada vez mais, seu poder de memorização, segundo os seguintes meios que conheço:

– use a técnica de repetição em voz alta;

– procure decorar através de padrões ou associações;

– recorra a imagens mentais dos problemas;

– grave mensagens com sua própria voz;
– faça resumos e tente escrever o texto original.

Para ser sincero, fiquei envergonhado e não citei algumas outras regras de memorização que julgo humilhantes. Seria desfazer totalmente do bom senso e da capacidade do ser humano pedindo que as praticasse. Porém, sempre alguns lapsos de memória serão inevitáveis – certa vez, chamei de Pombinha um colega que não via há anos, sendo que seu apelido era Corujão.

Para encerrar, acrescente em sua memória esse conto que passo a narrar:

Um caçador de elefantes estava prestes a desferir um tiro em seu alvo, quando notou que o pobre animal encontrava-se ferido com uma farpa na pata e mal podia locomover-se. Piedoso, o caçador jogou o rifle e passou a curar o ferimento do elefante, deixando-o partir agradecido.

Anos após, estando o mesmo caçador em situação desesperadora, entre a vida e a morte nas garras de um tigre, surgiu um elefante enfurecido com o felino e o salvou. Muito ferido, foi levado na tromba do animal até o alto de uma montanha, fora do perigo da floresta. Só então percebeu que era o mesmo paquiderme que ele havia salvado anos atrás.

Comovido, o homem ergueu-se para agradecer, mas o elefante, num movimento inesperado, o jogou morro abaixo sem que pudesse esboçar reação. E o bravo caçador morreu.

Moral da história: "De nada adianta você ter uma memória de elefante, se agir com irracionalidade".

4. Como produzir mais em menos tempo

Toda atividade profissional consome energia e possui seu custo. Logo, o menor custo decorre do maior número de atividades produtivas executadas num tempo planejado.

É importante se ter consciência de que a transformação dos bloqueadores em facilitadores dos objetivos exige planos de ação que, como vimos, devem ser elaborados concentrando as prioridades nas ações responsáveis pelos resultados desejados.

PLANOS DE AÇÃO ⟶ OBJETIVOS

É oportuno lembrar também que muito pouco se consegue em produtividade sem treinamento da equipe de trabalho. Os fracos desempenhos, individuais ou setoriais, podem ser detectados no acompanhamento periódico e melhorados através de um bom programa de treinamento profissional.

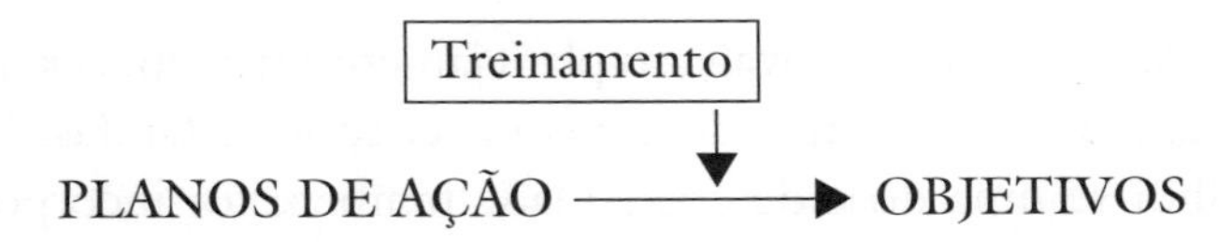

Uma entidade comercialmente viável, bem estruturada, contando com as pessoas certas devidamente distribuídas e possuindo objetivos reais de sucesso, não deve descuidar-se das relações humanas. A coordenação do serviço em função dos recursos disponíveis exige técnicas apuradas de administração. Da fase de planejamento até o produto final e sua colocação no mercado, a motivação dos empregados deve sempre estar presente.

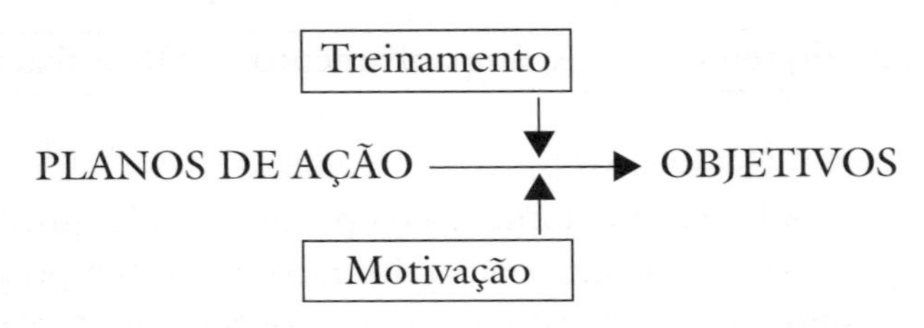

Ainda assim, apareceriam problemas se o tempo não fosse bem administrado em nível gerencial. Alguns administradores desperdiçam parcelas de seu tempo na direção, outros na execução de tarefas, o que é ainda pior.

Outras falhas: tentar programar 100% do expediente, não saber dizer "não", confundir "urgente" com "importante" e má delegação. É possível minimizar os maus hábitos pessoais identificando os principais desperdiçadores de tempo através do registro diário das atividades. Tem preferência no sucesso quem respeita seu tempo e o dos outros.

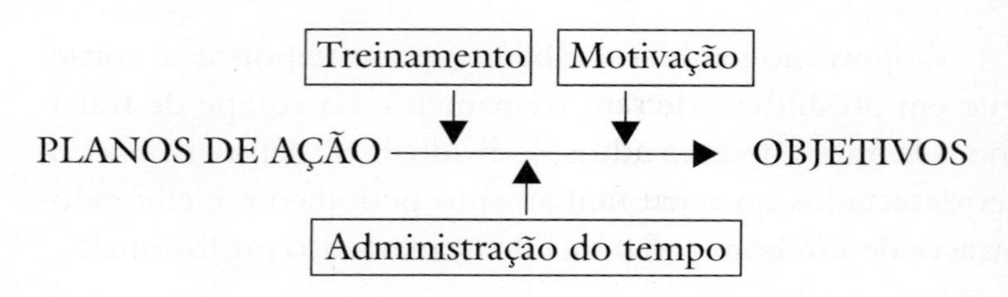

Acompanhar e reavaliar o planejamento devem, certamente, fazer parte da rotina de um coordenador de tarefas. Muito melhor se uma dose de criatividade também for incorporada, usando de conhecimento e imaginação na busca de melhores resultados. A disposição para que isso ocorra é de fundamental importância, pois, segundo Ruth Noller: "As mentes são como paraquedas, só funcionam quando abertas".

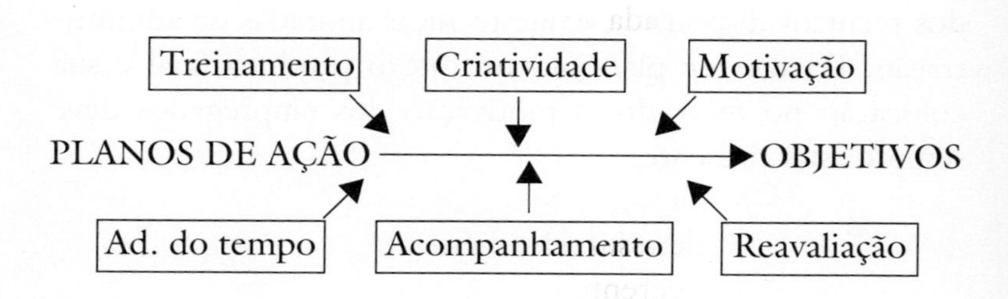

Se não bastasse o aumento da produtividade, justifica-se esta proposta de racionalização do trabalho no tempo ganho pelo grupo. O que fazer com esse tempo? Sugestões: plano de prevenção de crises, organização pessoal, estudo para implementar inovações e reflexão para tomada de decisões.

Um lembrete final para se ganhar tempo: "Entre duas soluções, vá sempre pela mais simples".

5. "Gol contra" ou "tiro no pé"?

Margarida era linda fisicamente, mas diziam que tinha um cérebro do tamanho de uma aspirina! Assim, era inevitável sentir-se como uma prisioneira numa camisa de força – por ela mesma costurada. Os princípios básicos da "delegação adequada", certa época, foram por ela desprezados e somente após trágicas consequências soube disso.

Como gerente geral de negócios – por apadrinhamento –, suas atribuições administrativas cresciam a cada mês, a ponto de ir contra seu método de centralização de poderes, e acabou "delegando" o gerenciamento de uma grande negociação ao Rosca, chefe de departamento e funcionário que estava disponível no momento.

• *Primeiro erro!* – O escolhido teve a preferência por estar mais disponível e não por ter plenas condições de sucesso.

Dias após, antes de sair para uma viagem, Margarida pediu ao subordinado que não fechasse nenhuma venda sem sua aprovação e nem mesmo fosse flexível ao discutir preços. Sem outras orientações, Rosca fez o melhor uso possível de sua insegurança: a cada reunião com o cliente, ligava e pedia ajuda à Margarida.

• *Segundo erro!* – A autoridade não foi partilhada pelos envolvidos na delegação. Sem saber o que e como fazer, o delegado não pode assumir riscos certos.

O retorno da gerente geral ocorreu dez dias depois, tempo bastante para perder a oportunidade da boa negociação. Desesperada, Margarida fez vários contatos com o diretor de negócios e soube das falhas havidas na ineficiente transação de Rosca. São elas:

– Não se concentrou nas fraquezas do outro;

– Houve muita improvisação no planejamento de faturas durante as reuniões;

– Enfrentou uma sequência conturbada nos negócios, sem a preparação necessária;

– Teve visão unilateral das necessidades e expectativas, tornando os acertos mais demorados e conflitantes;

– Mostrou postura defensiva, limitando a possibilidade de maior interação entre as partes.

• *Terceiro erro!* – As reuniões de negócios "enfrentadas" pelo Rosca foram de transmissão de recados, tornando-as indesejáveis ao cliente.

O processo irreversível da perda do negócio levou a linda gerente a refletir e a concluir que teve uma grande parcela de incompetência no caso, prejudicando seriamente a empresa. Eis o que faltou ajustar em sua "delegação":

– Instruir sem a imagem de fiscal.

– Confiar no delegado, sem medo, lançando-lhe um desafio com motivação.

– Discutir periodicamente o andamento da venda, negociando objetivos.

O conflito apresentado foi apenas um exemplo dos milhares que ocorrem por aí – resultados de más delegações. Se você já marcou algum "gol contra", "deu um tiro no pé" ou foi o responsável pelo prejuízo de seu próprio patrimônio, sabe o desgaste que os erros causaram à Margarida.

E, caso a delegação adequada não tenha sido uma de suas principais virtudes, saiba os motivos que lhe podem estar atrapalhando: autoritarismo, indecisão, medo de ser superado, desconfiança, responsabilidades confusas, planejamento inadequado, perfeccionismo, falta de treinamento e desorganização pessoal.

Na dúvida, delegue, mas com critérios justos, lembrando sempre que a responsabilidade também é sua.

6. Motivação no trabalho

Não é simples motivar – conduzir os subordinados a realizar suas atividades com satisfação, segundo os objetivos da organização. Os meios são quase sempre psicológicos, baseados na criatividade do motivador. É necessário despertar a iniciativa e a boa vontade do trabalhador, dando-lhe ainda condições favoráveis para a execução da tarefa.

Alguns aspectos sociais devem ser valorizados pela chefia, favorecendo, entre outros, a amizade, a participação, o entusiasmo e a confiança do subordinado no dia a dia de trabalho.

Se você tem um cargo de direção, não seja conformista. Coloque entre seus principais objetivos a motivação de seu pessoal. Lembre-se: a ausência da perspectiva de crescimento profissional desmotiva. Implemente um plano de carreiras, por exemplo. Saiba também que, embora o salário ruim seja um desmotivador, um bom salário, por si só, não gera grande motivação. Apenas não estimula a insatisfação.

Vejamos, como ilustração, o diálogo que o Sr. Getúlio, gerente geral de vendas, teve com seu melhor vendedor de sapatos, o Sr. Vargas:

G – Bom dia, Sr. Vargas. Pedi para chamá-lo porque...

V – Eu já esperava por isso. As vendas caíram bastante há algum tempo.

G – Podemos encontrar uma explicação. Estou certo?

V – Sim. Mas ninguém tem dinheiro. O governo não ajuda!

G – O senhor está convencido da alta qualidade de nosso produto?

V – Sim, é ótima. O preço também é competitivo.

G – Mesmo nessa crise, ninguém anda descalço. Quem sabe se mudarmos alguns modelos?

V – Pode ser. Mas... se a poupança continuar rendendo assim...

G – Estamos falando de comércio atacadista, Sr. Vargas. Como vamos melhorar as vendas?

V – Vou trabalhar mais e correr todos os nossos antigos clientes.

G – Pois bem. Tenho sentido seu esforço e vou premiá-lo por isso. Ficará responsável pelo setor de vendas n. 5 também, melhorando assim sua comissão.

V – Puxa, que bom! Pensei em demissão.

G – Não há motivos para isso. Espero que tudo se normalize.

V – Muito obrigado, Sr. Getúlio.

O objetivo desse diálogo foi simular um problema empresarial em que o patrão utiliza recursos de motivação para com seu empregado. Embora num caso real provavelmente usassem muito mais palavras, é possível concluir alguns acertos e omissões do gerente geral de vendas.

• *Acertos:*

– reconheceu o potencial de trabalho do vendedor;

– conferiu-lhe crescimento pessoal e financeiro;

– dedicou-lhe atenção;

– outorgou-lhe mais responsabilidade;

– não o colocou sob pressão;

– desfavoreceu seu conformismo;

– assegurou-lhe segurança no emprego.

• *Omissões:*

– não descobriu as causas reais do problema;

– faltou aconselhamento para um possível treinamento na área;

– foi corretivo e não preventivo na situação;

– não houve redefinição de objetivos e autocontrole nas vendas;

– não instigou a iniciativa e a criatividade do vendedor;

– não se interessou por seus problemas de ordem pessoal que poderiam estar influindo em seu trabalho;

– não lançou desafio ou propôs mudanças.

E você, encontra-se motivado? O que tem feito para a automotivação de seu pessoal? Faça um teste com um deles, chamando-o para um diálogo. Simule um problema e o coloque em discussão. Antes, porém, prepare-se para aconselhá-lo quando necessário, mostrando suas alternativas e aceitando sugestões.

Com certeza, ele gostará de perceber que sua opinião é importante para você. Oportunamente, desenvolva também um elogio incondicional a seu trabalho. Procure levar a entrevista sem que haja ansiedade no diálogo. Mostre uma boa aceitação de sua parte nesse relacionamento, reconhecendo sempre seu trabalho, e isso o ajudará na busca de sua autorealização profissional.

Você estará evidenciando que a motivação favorece a participação espontânea nos futuros trabalhos.

7. Comunicação verbal – Uma arma poderosa

Comunicar-se não é somente preencher o silêncio com palavras tendo à frente um ouvinte. É necessário também que a mensagem seja compreendida. Logo, comunicação é principalmente o poder de entendimento do outro.

Cada comunicação tem seu objetivo e traz suas consequências. O bom comunicador interpreta inclusive as características de seu receptor. Mesmo num simples cumprimento, não podemos generalizar da forma: "Olá, tio! Tudo beleza?", ou mesmo: "Como vai?". A circunstância exige que a frase soe mais descontraída ou formal, não se tornando ridícula.

Falamos cerca de cento e vinte palavras por minuto, com a responsabilidade de fazê-las fluir com clareza e coerência. As ideias, ao serem transmitidas, surtirão mais efeito se forem completadas num tom de voz apropriado daquele instante.

Saber ouvir e não monopolizar o diálogo também é muito importante. Temos dois ouvidos e uma boca, caracterizando o nosso dever de compreender bem as mensagens antes de respondê-las.

Às vezes, nossa linguagem verbal fala uma coisa e a corporal outra, como que nos desmentindo! Mas nossos olhos podem auxiliar-nos e confirmar o resultado de um diálogo, na reação do ouvinte.

As barreiras enfrentadas por um locutor também são muitas. As pessoas têm a tendência de ouvir o que desejam ou o que acham importante, filtrando de forma suspeita o que lhes é dito. Assim, infelizmente, é sempre mais fácil reforçar uma ideia antiga do que mudá-la. Ferindo o ego de alguém, a intenção da mensagem acaba ficando em segundo plano.

Algumas afirmações, se mentirosas, passam despercebidas, como: “prazer em conhecê-lo” ou “volte sempre”, mas, em outros casos, se você for mal interpretado, de franco será grosseiro, de prudente será covarde, de delicado...

Não inicie um diálogo da mesma forma que pensa que o fariam com você, usando um tom falso para sua personalidade ou, até mesmo, agressividade. Se o assunto não for urgente, mas embaraçoso, pode haver outra melhor oportunidade para discuti-lo, com menos emoção e mais razão. Mesmo assim, alguns cuidados podem ser tomados:

– Planeje o que irá dizer e esteja certo de que terão tempo suficiente para resolver o assunto;
– Não use excesso de confiança e nem derrote alguém em público;
– Olhe nos olhos e tenha convicção quanto às afirmações;
– Saiba ouvir e não confirme nada ao acaso.

Analise agora alguns absurdos da comunicação:

1. Perguntar a um ignorante que nem se convenceu do homem ter ido à Lua:

– Até quando o senhor acha que a camada de ozônio que envolve a Terra irá resistir?

2. Dizer a um presidiário, num dia de visitas:

– Não vejo a hora de chegar domingo para ir ao estádio assistir à partida final do campeonato.

3. Convite à namorada:

– Amanhã iremos a uma *vernissage*, embora você não entenda nada de arte.

4. Ao deixar um serviço com a secretária:

– A senhora tem certeza de que não vai fazer tudo errado?

5. Uma testemunha policial, descrevendo um assaltante:

– Ele era claro, feio, nervoso e estúpido.

6. Um candidato ao emprego, quando entrevistado:

– Eu me defino como sendo equilibrado, sincero, objetivo, honesto, coerente, eficaz, amigo, íntegro...

7. Do marido à mulher:

– Não se esqueça de que eu pedi a você para não se esquecer de me lembrar daquilo que eu não posso me esquecer.

8. Interrompendo um gago:

– O senhor pode falar um pouco mais depressa?

9. A um companheiro durante um *brainstorm* (exercício de livre tempestade de ideias):

– Será possível que você só fala abobrinha?

10. De qualquer um de nós:

– Adoro música, mas detesto ópera, rock e lambada.

Se inconsequentes na comunicação, colocamos em risco nossa paz amanhã. Não somente nossas piadas ultrapassam fronteiras, mas os mal-entendidos e as fofocas também. Não permitindo que divaguem sobre as ideias que colocamos, melhor.

São muitos os fatos que já vivenciamos, e eles nos mostraram que o uso adequado da comunicação pode poupar-nos de vários aborrecimentos. E sempre existe uma melhor maneira de nos dirigirmos a uma pessoa sem iniciarmos uma provocação. Até mesmo quando a situação pede que você insulte alguém de "cachorro", experimente perguntar-lhe, com serenidade: "Tens latido muito ultimamente?".

8. *Brainstorm*

O *brainstorm* – tempestade de ideias – é realizado por alguns grupos de trabalho para viabilizar soluções adequadas às situações que exigem decisões criativas.

Como regra geral, costumam-se respeitar os seguintes pontos nas reuniões:

– Será dado incentivo à quantidade de idéias;
– É proibido criticar;
– Quanto mais extravagantes melhor;
– Ninguém pode julgar.

Num ambiente descontraído, com a devida participação dos presentes, podem-se obter excelentes resultados para a tomada de decisões, até então impensados.

Façamos uma simulação de um *brainstorm* entre o coordenador e 10 elementos, cujo objetivo seja combater as visitas inoportunas no departamento pessoal da empresa.

• *Primeira fase*: "Ser criança para criar" *(brainstorm)*.

Coord.: Sem ordem sequencial, emitam suas sugestões. Farei os registros neste quadro-negro a nossa frente.

(elemento) 1: Fazer mudanças no local e não mais ser vitrine.

(elemento) 4: Colocar uma secretária recepcionista na entrada.

8: Marcação de horários para atendimento.
9: Acabar com o Departamento Pessoal.
4: Estabelecer limites de tempo para cada visitante.
5: Pedir objetividade nos assuntos.
9: Deixar um funcionário para atender os chatos.
1: Colocar avisos favorecendo a concentração.
3: Tratar a todos com paciência e atenção.
3: Não oferecer café.
9: Não fazer café.
3: Fazer greve de fome.

Coord.: Peço aos senhores que não se envolvam com as sugestões dos colegas nesta fase. Não estamos decidindo nada por enquanto. Continuemos.

2: Fazer triagem das visitas.
3: Não oferecer qualquer tipo de conforto.
9: Colocar paredes divisórias na seção.
5: Instalar um dispositivo de mola para manter a porta de entrada fechada.
6: Pedir que os visitantes tragam soluções e não só problemas.
2: Delegar mais em nível de chefia.
1: Ir ao encontro dos inoportunos e incomodá-los também.
9: Não atender em final de expediente.
8: Saber dizer não aos prolixos.
4: Manter-se sempre ocupado.
9: Não atender ninguém um dia por semana.
6: Realizar treinamentos em relações humanas.
3: Estabelecer registro de visitas e assuntos abordados.
2: Ser sincero com todos e evitar que tomem seu tempo.
9: Fazer uma lista dos mais inconvenientes.
1: Combinar códigos para ser chamado por alguém quando estiver sendo "alugado".
7: Instalar um microcomputador para acessar mais rapidamente as informações desejadas.

5: Planejar um sistema de comunicações mais eficiente.

9: Colocar uma ampulheta em cada mesa estabelecendo o tempo para as conversas.

7: Uniformizar o padrão de atendimento interno.

8: Aumentar o número de funcionários para atendimento.

9: Atender a todos em pé.

6: Maior participação e interesse da chefia.

• *Segunda fase*: "Ser adulto para julgar".

Uma comissão – e não necessariamente todos – realizará a discussão das soluções apresentadas pelo grupo. Julgando as consequências, serão definidas as alternativas a serem implementadas, com maiores chances de sucesso. Em princípio, nenhuma sugestão da primeira fase deve ser descartada sem uma profunda análise e, se necessário, a real intenção da ideia deve ser explicada por seu autor.

Por hipótese, tomemos como resultado da segunda fase os seguintes pontos definidos pela comissão:

– Pedir objetividade nos assuntos;

– Tratar a todos com paciência e atenção, favorecendo a concentração;

– Não oferecer muito conforto;

– Colocar paredes divisórias no local;

– Saber dizer não aos prolixos;

– Estabelecer um planejamento de treinamento e reciclagem;

– Realizar estudos de informatização interna na seção.

Desde que as alternativas escolhidas não se choquem na implementação das mudanças, a mesma comissão conclui a terceira fase.

• *Terceira fase*: "Ser maduro para controlar".

Do controle depende o real sucesso do plano estabelecido. É preciso haver um acompanhamento do trabalho, comparando as mudanças com os resultados, com objetivo de verificar a nova produtividade.

Nem todos os pontos abordados na segunda fase podem ser controlados diariamente ou por uma só pessoa. Eis o controle pensado pela comissão:

– Fazer reuniões periódicas para discutir os resultados; definir as datas e o coordenador;

– Manter registros individuais e diários das interrupções;

– Zelar pelo relativo desconforto do visitante;

– Nomear responsáveis e prazos referentes às demais mudanças (treinamento, divisórias, informatização);

– Todos, quando interrompidos, devem voltar rapidamente ao trabalho.

Mesmo relativamente simples nessa abordagem, o *brainstorm* e suas consequências nos possibilitam tirar algumas conclusões, como:

– Na primeira fase, cabe ao coordenador incentivar os participantes a opinar, assim como ele próprio, se desejar. Repare que o número 10 ficou calado;

– Embora não seja esse o principal objetivo, analisando as diversas sugestões apresentadas, conclui-se quem foi mais criativo ou disperso nas colocações. Essa conclusão serve para convocar as pessoas certas nas próximas reuniões;

– Dar "nome aos bois" na fase um do *brainstorm* pode inibir os presentes e esse aspecto deve ser refletido pelo coordenador. A vantagem em fazê-lo refere-se à defesa do argumento na fase dois;

– O tempo de cada fase cabe ao coordenador definir;

– O "registro de visitas" foi apresentado como solução na fase um e aproveitado na três, como controle.

Um cadastro envolvendo as três fases deve ser elaborado. Nele, algumas alternativas da primeira fase e não incluídas na segunda podem ser sugeridas a médio e longo prazos.

Diz um ditado que "depois de arrombada a porta, não adianta colocar a tranca"; nesse sentido, algumas empresas têm tido bons retornos sabendo aproveitar as ideias criativas de seus funcionários, a tempo.

A criatividade descoberta num *brainstorm* auto-realiza e premia o indivíduo. Cada solução encontrada ou crise superada representa um desafio vencido.

Você já ouviu falar que ninguém acerta na primeira? Portanto, se ainda não o fez, participe logo de seu primeiro *brainstorm*... e boa sorte!

9. As utilidades do planejamento gerencial

Adeptos a planejamentos dizem que a única coisa que torna o homem superior ao resto dos animais é sua capacidade de pensar adiante – planejar. O planejamento significa traçar um curso de ação a seguir, minimizando as dificuldades para alcançar os objetivos, principalmente os mais complexos.

É evidente que todos somos planejadores em algum grau, desde que nos levantamos da cama toda manhã. Planejamos o caminho mais conveniente a seguir para o trabalho, ou planejamos nossas atividades diárias em função do tempo, ou planejamos uma boa estratégia para algum negócio importante etc.

Para um administrador com conhecimentos técnicos na área em que atua, um bom planejamento deve abranger o maior número de aspectos e etapas futuras com alto grau de previsibilidade; mas, como o futuro é sempre menos certo do que o presente, cada etapa sucessiva é mais vaga, menos previsível e torna-se cada vez mais difícil planejar além de certo ponto. Os erros das estimativas podem aumentar com o tempo, de modo que todo o planejamento poderá tornar-se completamente destituído de confiança.

No entanto, para reduzir a insegurança ao se elaborar um planejamento, é necessário que o coordenador de tarefas identifique seus clientes internos e externos, pois somente assim poderá ter uma boa base para determinar os objetivos reais a serem priorizados.

O coordenador é eficaz quando atende às necessidades do cliente, e age incorretamente se assim não proceder. Em certo sentido, é o cliente quem decide como o coordenador deve se comportar, passando a ser o autor das decisões. O cliente fornece a base em função da qual a tomada de decisão tem lugar no planejamento.

O problema do coordenador consiste, então, primeiramente em determinar os objetivos reais do cliente, que também se alteram no tempo de acordo com suas ambições, necessidades, frustrações etc. – outras incertezas a serem consideradas no planejamento.

Pensando nas incertezas, alguns opositores – ou incapazes – a planejamentos afirmam que as grandes decisões humanas não estão nas mãos dos administradores, mas em forças sociológicas imprevisíveis e incontroláveis.

Podemos deixar-nos levar por essa linha de antiplanejamento? Temos argumentos para comprovar que o planejamento não é simplesmente um jogo de adivinhações?

É importante compreender a relação entre atividade e sua utilidade ao se investir tempo e recursos em um planejamento. Eis alguns resultados de valor a um coordenador que busca os objetivos reais do cliente através do planejamento:

– reduzir ao mínimo a surpresa insatisfatória;

– avaliar as alternativas antes de escolher o plano ótimo;

– gerar novas ideias, dando ao grupo equipamentos adequados e melhores condições ao ambiente de trabalho;

– atribuir funções de autoridade e responsabilidade;

– distribuir bem o tempo, destinando maior parcela às atividades importantes e urgentes;

– medir os vários aspectos da entidade, com refinamento e precisão;

– realizar, oportunamente, mudanças gerais no sistema administrativo;

– viabilizar o próprio planejamento através de seu controle.

Mas, mesmo comprovando a utilidade do planejamento, o coordenador não pode contestar que não existe plano perfeito – com informações objetivas e dignas de confiança. É essencial, portanto, que o planejamento seja concebido de tal modo que, quando está sendo executado, seja possível um *feedback* das ocorrências ao administrador. Assim, em tempo hábil, ele esboça as medidas a serem tomadas para a mudança – um novo plano.

Dependendo do tipo e complexidade da mudança, esse novo plano poderá até ser baseado no exame de cada uma das fases anteriores do planejamento: identificando os fatores críticos de sucesso, buscando soluções adequadas, organizando as pessoas para a realização das atividades planejadas e acompanhando a implementação.

Aprendi, ainda, que não se pode controlar sem planejar corretamente, e o controle, em muitos casos, é a alma do empreendimento de sucesso.

10. É tempo de frases

Como você reagiria deparando-se com uma tabuleta recém colocada, próxima à porta de seu trabalho, com a seguinte mensagem: "É tempo de amar"? Se a mesma fosse fixada dentro de um banheiro coletivo ou na porta da frente de sua residência, causar-lhe-ia outro tipo de impacto? Certamente sim.

Uma mensagem pública só alcança seu real objetivo se for divulgada no momento certo e num local apropriado.

O ambiente influi decisivamente na auto-realização de um indivíduo e não deve expor frases incoerentes com seu procedimento, tornando-as ridículas! Daí a importância de você ler com atenção, por exemplo, as frases aqui apresentadas e escolher algumas para divulgar nos locais apropriados. Todas se referem ao fator *tempo*, fundamental na busca inerente do ser humano em adquirir o máximo bem-estar com o mínimo esforço.

Sabe-se que as pessoas gravam cerca de cinco vezes mais as mensagens gráficas do que as verbais. Considere também a colocação de Oliver Holmes: "Depois de esticada por um nova ideia, a mente do homem nunca mais volta à dimensão primitiva".

- *Frases:*

– Respeite o profissional. Não monopolize seu tempo;
– Planeje seu tempo na véspera e administre sua vida;
– Pergunte-se: Como será usado meu tempo agora?;
– Produtividade x Tempo. Quem vencerá?;
– Até não fazer absolutamente nada consome tempo;
– Objetivos e prioridades são fundamentais para administrar o tempo;
– Seja o dono de seu tempo. Use-o corretamente;
– Ninguém é insubstituível no tempo;
– Faça de sua premência de tempo seu maior desafio;
– O tempo é um recurso neutro. Seu uso é uma escolha pessoal;
– O tempo é nosso limite. Tenha tempo para você;
– Planejar o tempo é uma forma de utilizá-lo bem;
– Administre seu tempo de espera. Não envelheça apenas;
– Seja proativo e não reativo no tempo;
– Você é o único responsável pela forma como usa seu tempo;
– A administração do tempo não é a filha da vida. É a mãe!;
– Respeite seu tempo e o dos outros;
– O tempo não se organiza sozinho em nossa vida;
– Não perca a chave de seu sucesso. Ajude-se administrando bem o tempo;

– Administrando bem o tempo, estará educando sua vida;
– Tempo existe. Saiba administrá-lo;
– As técnicas não operam milagres por você. Otimize seu tempo;
– Tempo: uma questão de prioridade;
– Administrar o tempo significa progresso pessoal;
– Somos o que fazemos num tempo limitado;
– Faça de seu tempo improdutivo um tempo planejado;
– Faça de seu tempo atual o mais importante de sua vida;
– Aprenda a administrar seu tempo no devido tempo;
– Não existe futuro sem o tempo presente. Aproveite-o;
– Administrar o tempo no começo é amargo, mas o fruto é muito doce.

Lembre-se de que se alguém não sabe objetivamente para onde vai, uma boa mensagem lhe servirá de orientação. Invista em mensagens de alerta, reflexão e motivação no trabalho, pois a desmotivação consiste numa grande parcela de tempo perdido em nossa vida.

Construa frases condizentes com seu ambiente. Estimule e desafie sua criatividade, usando a imaginação e associando palavras. Reconheça a necessidade que sempre existe de melhorar a qualidade do serviço e deseje a sua equipe o mesmo que para si próprio.

Sugiro alguns temas a serem enfocados:

– Amor ao próximo;
– Amizade;
– Participação;
– Confiança;
– Entusiasmo;
– Iniciativa;
– Otimismo;
– Decisão;
– Responsabilidade;
– Disciplina;

– Concentração;
– Respeito.

Faça uma avaliação dos resultados com o tempo. Renove as frases oportunamente e... que Deus sempre abençoe sua vida e seu trabalho.

Sucesso!

Esta obra foi composta em CTcP
Capa: Supremo 250g – Miolo: Book Ivory Slim 65g
Impressão e acabamento
Gráfica e Editora Santuário